Gender variance im sibirischen Schamanismus

"Sie oder Er?"

Lukas Palutzki

GRIN ☺

Bibliografische Information der Deutschen Nationalbibliothek:

Die Deutsche Nationalbibliothek verzeichnet diese Publikation in der Deutschen Nationalbibliografie; detaillierte bibliografische Daten sind im Internet über http://dnb.d-nb.de abrufbar.

ISBN: 9783346635358
Dieses Buch ist auch als E-Book erhältlich.

© GRIN Publishing GmbH
Nymphenburger Straße 86
80636 München

Druck und Bindung: Books on Demand GmbH, Norderstedt Germany
Gedruckt auf säurefreiem Papier aus verantwortungsvollen Quellen

Das Buch bei GRIN: https://www.grin.com/document/1193949

Rheinische Friedrich-Wilhelms-Universität Bonn

Institut für Geschichtswissenschaft

Abteilung für Osteuropäische Geschichte

„Sie oder Er?"

Gender variance im sibirischen Schamanismus

Schriftliche Ausarbeitung des Referates vom 16.10.2019

Im Rahmen der Übung

„Sex and Drugs in ‚Primitive Society'. Zur Bedeutung von Geschlechterrollen, sexueller Identität, Schamanismus und Rauschmitteln in indigenen Gesellschaften Sibiriens und Nordamerikas."

Wintersemester 2019/2020

Lukas Palutzki

5. Fachsemester

Geschichtsstudium auf Lehramt

Inhaltsverzeichnis

1 Einleitung

„When a child is born in [the mainstream American culture system of gender], the first thing said is not, "It's a male," or, "It's a female"; what it said is, "It's a boy," or, "It's a girl." [...] In other words, the gender category determined by the recognition of biological, physiological features of morphological sex is the basis of [this system]."[1]

Jacobs und Lee liefern mit diesem Beispiel der Identifikation des Geschlechtes gleich nach der Geburt ein hervorragendes Beispiel für eine - in der europäischen bzw. euro-amerikanischen Gesellschaft nicht vorhandene - Differenzierung zwischen dem sozialen (*gender*) und dem biologischen (*sex*) Geschlecht. Während sich in einem binären Gender-Rollen-System vorwiegend auf das biologische Geschlecht als Unterscheidungsmerkmal ge-stützt wird, stand bei den indigenen Völkern Nordamerikas und Sibiriens das gesellschaftli-che Geschlecht im Vordergrund. In diesen Systemen multipler Geschlechter, die drei oder vier Gender aufwiesen, wurde das soziale Geschlecht definiert über die Rolle bzw. das Auf-gabenfeld, welches eine Person einnahm. Eine Konstruktion von mehr als nur zwei sozialen Geschlechtern und die Möglichkeit des Geschlechterrollenwechsels wird in der ethnologi-schen Literatur als *gender variance* bezeichnet.

Aus diesem Grund lohnt es sich, sich in Anbetracht der Einordnung der eigenen Identität in-nerhalb einer „Welt" mit einem rein binären Gender-Rollen-System mit einer davon abwei-chenden Sichtweise zu beschäftigen. Aufgrund der Kürze des Textes sollen an dieser Stelle lediglich das Beispiel der sibirischen Völker im Nordosten Asiens, das Phänomen des „Weibmanns" bei Čukčen, Itel'menen und Korjaken und der Diskurs europäischer Gelehrter hierüber am Ende des 18. Jahrhunderts sowie zu Beginn des 20. Jahrhunderts diskutiert wer-den. Es wird keine Auseinandersetzung mit den unterschiedlichen Ausformungen und den Abläufen der schamanischen Séancen bzw. Zeremonien erfolgen. Lediglich der Teilaspekt der *gender variance* im sibirischen Schamanismus soll beleuchtet werden.

Die Ethnologie forderte gerade zu Beginn des 20. Jahrhunderts von ihren Wissenschaftlern[2], sich ganz auf die fremde Kultur einzulassen. Die Frage ist jedoch, ob europäische Wissen-schaftler, Reisende oder Abenteurer dazu überhaupt in der Lage waren, sich angesichts eines drei- oder gar viergliedrigen Gender-Systems aus ihren eigenen Denkmustern zu lösen. Falls

---

[1] Jacobs/Lee, Gender Statuses, Gender Features, and Gender/Sex Categories, S. 257f.
[2] Zu Beginn des 20. Jahrhunderts stellte dieser Forschungsansatz von Franz Boas und anderen Kulturrelativisten eine Minderheitsposition innerhalb der Ethnologie dar. Erst im Verlaufe der ersten Hälfte des 20. Jahrhunderts setzte sich diese grundlegende Prämisse in der Ethnologie - nicht zuletzt dank der Vorreiterrolle von Boas - durch. Auf Franz Boas wird im Rahmen des dritten Kapitels näher eingegangen werden.

2

ihnen dies gelang: Wie weit war ihnen dies möglich? Aus welchem Grund war es einigen nur teilweise möglich? Oder konnten sich manche ansonsten unvoreingenommene Forscher gar nicht auf solche sozialen Phänomene einlassen? Ist ein Unterschied zu früheren Expeditionen in der europäischen Rezeption erkennbar? Lässt sich das Erlebte und Wahrgenommene der europäischen Akteure mit dem Konstrukt der *gender variance* beschreiben?

Zur Beantwortung dieser Fragen können die Berichte von Carl Heinrich Merck und Georg Wilhelm Steller aus dem 18. Jahrhundert sowie die Beschreibungen und Berichte von Vladimir Iochel'son und Vladimir Bogoraz zu Beginn des 20. Jahrhunderts herangezogen werden. Zunächst findet eine Dekonstruktion des Begriffes *gender variance* statt (2.). Anschließend soll untersucht werden, ob das Phänomen des Geschlechterrollenwechsels in den indigenen Kulturen Sibiriens, welches zu dem Phänomen des Geschlechterrollenwechsels in den indigenen Kulturen Nordamerikas ähnlich ist, mit dem Konstrukt der *gender variance* beschrieben werden kann. Als Ausgangspunkt werden mehrere Fälle von Geschlechterrollenwechsel im sibirischen Schamanismus aus der älteren wissenschaftlichen Literatur zitiert und ausgeführt (3. und 4.). Nachfolgend findet eine Auseinandersetzung mit den europäischen Rezeptionen von den bei Merck, Steller, Iochel'son und Bogoraz geschilderten Phänomenen statt (5.). Abschließend werden die wichtigsten Ergebnisse dieser Ausarbeitung zusammengefasst, und es wird die Frage beantwortet, ob die entsprechenden Forscher in der Lage waren, bei der Darstellung dieses sozialen Phänomens aus ihrer eigenen Kultur herauszutreten, um das Phänomen des Geschlechtsrollenwechsels verstehen zu können, oder ob sie dies eben nicht vermocht haben. Außerdem soll die Frage beantwortet werden, ob das Konstrukt der *gender variance* dazu geeignet ist, auf die indigenen Kulturen Sibiriens übertragen werden zu können (6.).

2 Forschungstradition *Berdache* und *Two-Spirit*

Die indigenen Völker Sibiriens und Nordamerikas verwendeten unterschiedliche Namen für Menschen, die einen Geschlechtsrollenwechsel vollzogen hatten. Verschiedene amerikanische Forscher versuchten ihrerseits in der Vergangenheit dieses Phänomen in den indigenen Kulturen Nordamerikas mit einem Schlagwort zu umschreiben. Mit dem Sammelbegriff *Berdache* fassten Ethnologen jede Art Ihnen unbekannten Verhaltens im Bezug auf die Geschlechter in der „Neuen Welt" zusammen. So wurden etwa ritueller und profaner Transvestismus, homosexuelles Verhalten zwischen zwei Personen, Intersexualität und Hermaphroditismus gleichgesetzt. Ursprünglich wurde mit *Berdache* in der arabischen Kultur ein männlicher Prostituierter beschrieben. Über die Mauren gelangte der Begriff nach Spanien und verbreitete sich in Europa. Mit der Zeit wurde der Begriff verwendet, um sowohl männlichen als auch weiblichen Geschlechtsrollenwechsel in den indigenen Kulturen Nordamerikas zu beschreiben.[3] Auf Konferenzen in Winnipeg, Manitoba gegen Ende der 1980er und zu Beginn der 1990er Jahre entwickelten indigene schwul-lesbische Aktivisten der USA und Kanadas anstelle des bisher verwendeten Begriffs *Berdache* erstmals die Umschreibung *Two-Spirit*.[4] Hierzu führt Gilbert Herdt wie folgt aus:

> " [...] I now use two-spirit instead of berdache [...], not because the term is "politically correct" but because it is culturally accurate and meaningful. It is also in keeping with what personhood means to North American Indians themselves, which for an anthropologist is always great import."[5]

Zum einen sei *Berdache* aufgrund der ursprünglichen Bedeutung nicht der politisch korrekte Begriff. Zum anderen sollte bei Ethnographen ein gewisser Respekt vor der Kultur indigener Völker vorhanden sein.

Das Ersetzen des Begriffes *Berdache* durch den Neologismus *Two-Spirit* war der Versuch, im westlichen Sinne als Schwule und Lesben lebende Indigene in die Kulturgeschichte der indigenen Völker Nordamerikas hinein zu schreiben. Diese teils homosexuellen und gleichzeitig indigenen Aktivisten behaupteten, sie stünden in der Tradition der seinerzeit pejorativ als *Berdache* bezeichneten Vertreter indigener Gesellschaften, die einen Geschlechtsrollenwechsel vollzogen hatten. Eine Blüte dieses Forschungsstranges lieferte der von den Navajo im Südwesten der USA abstammende Wesley Thomas. Im Gegensatz zu der in der euroamerikanischen Gesellschaft vorhandenen Definition einer gemischtgeschlechtlichen Bezie-

---

[3] Vgl. Lang, Geschlechtsrollenwechsel und kulturelle Konstruktionen, S. 143 f.
[4] Der Begriff *Two-Spirit* wurde von homosexuellen Aktivisten aus dem indigenen Volk der Ojibwe in Manitoba zuerst in ihrer Sprache komplett neu konstruiert, anschließend ins Englische übersetzt und schließlich auf den genannten Konferenzen propagiert.
[5] Herdt, The Dilemmas of Desire, S. 277 f.

hung als heterosexuell (basierend auf dem biologischen Geschlecht) bezeichnet Thomas gemischtgeschlechtliche Beziehungen bei indigenen Völkern - sofern die Partner unterschiedlichen Gendern angehören - als „hetero-gender" Beziehungen. Analog ersetzt er eine gleichgeschlechtliche (bezogen auf das soziale Geschlecht) Beziehung durch eine „homo-gender" Beziehung. Dieses entstandene Beziehungssystem visualisiert Thomas in der folgenden Tabelle:

Soziales Geschlecht (gender)	Frau	Mann	Mannfrau (physisch weiblich)	Fraumann (physisch männlich)
Frau	homo-gender	hetero-gender	hetero-gender	hetero-gender
Mann	hetero-gender	homo-gender	hetero-gender	hetero-gender
Mannfrau (physisch weiblich)	hetero-gender	hetero-gender	homo-gender	hetero-gender
Fraumann (physisch männlich)	hetero-gender	hetero-gender	hetero-gender	homo-gender

Tabelle: Klassifikation sexueller Beziehungen in den indigenen Stammesgesellschaften Nordamerikas[6]

Durch diesen Forschungsstrang ist auch das Konstrukt *gender variance* entworfen worden. Dieser Versuch, im westlichen Sinne als Schwule und Lesben lebende Indigene in die Kulturgeschichte der indigenen Völker Nordamerikas hinein zu schreiben, wird teils bis heute von traditionellen Vertretern der „Tribes" in den Reservaten abgelehnt. Dabei wird auf die Tatsache verwiesen, dass nicht sexuelles Begehren die Ursache für die Entscheidung, als *Berdache* leben zu wollen, gewesen sei, sondern die Präferenz für eine bestimmte sozial kodierte gesellschaftliche Tätigkeit.

---

[6] Thomas, Navajo Cultural Constructions of Gender and Sexuality, S. 162.

3   Steller und Merck über den Schamanismus bei Itel'menen und Čukčen

Als Teilnehmer der Zweiten Kamčatka-Expedition (1733–1743) betrieb Georg Wilhelm Steller direkte Feldforschung unter der indigenen Bevölkerung der Kamčatka-Halbinsel, den Itel'menen, mit denen er sich explizit und unmittelbar befasste. Seine Ergebnisse präsentierte er in einer empirischen Fallstudie über dieses Volk, welche Teil seiner posthum veröffentlichten Monographie „Beschreibung von dem Lande Kamtschatka" (1774) wurde.

Aus Stellers Beschreibung der itel'menischen Heiratswerbung lässt sich schließen, dass es sich bei ihrer Gesellschaft vor der russischen Eroberung um eine matriarchalische Gesellschaft handelte. Während er dem praktischen Wissen dieser Völker im Hinblick auf die gelungene Anpassung an die dort besonders schwierigen Lebensverhältnisse Anerkennung zollt, beschreibt er die religiösen Rituale und darin zum Ausdruck kommenden Glaubensvorstellungen abschätzig als „Gaukelpossen"[7], ihre „Hexerei"[8] charakterisiert er als „species divinationis simplicissimas"[9]. Er rechnet dem Schamanismus keine große Bedeutung zu: „[E]in jeder so nur will, schamannet"[10].

Zu biologisch gleichgeschlechtlichen Beziehungen unter Knaben führt er folgendes aus:[11] Zwar sei dies eine ungewöhnliche Sache, aber niemand, insbesondere nicht die Eltern, habe sie davon abgehalten. Als Konsequenz mussten jene Knaben, die „*per anam* einander schändeten [...] sich in Frauenkleider einkleiden, unter den Weibern leben, ihre Verrichtung auf sich nehmen, und sich in allem als Weiber stellen"[12]. Nach ihm wurde dieses Vorgehen bei den Itel'menen allgemein toleriert. Steller beschreibt auch, dass das hohe Maß an sexueller Promiskuität nicht nur homosexuelle, sondern auch heterosexuelle Sexkontakte umfasste. Er berichtet von stolzen Eltern, wenn ihre Kinder sich schon im frühen Alter im „Venushandwerk" üben würden.[13] Steller beschreibt, dass „jeder Mann neben seiner Frau eine Mannsperson hielte, wo [...] mit die Weiber sehr wohl zufrieden waren, und auf das freundlichste mit ihnen lebten, und umgingen."[14] Weiter führt er aus: „Die Russen nennen solches tschupannen, die Itelmenen aber um B. R. Kõiäch, um Nischna Koiachtschitsch."[15] An dieser Stelle ist es wichtig anzumerken, dass die Begriffe Šupannen bzw. Kojach, welche von „den

---

[7] Steller, Beschreibung von dem Lande Kamtschatka, S. 21.
[8] Ebd., S. 278.
[9] Ebd., S. 278.
[10] Ebd., S. 277.
[11] Ebd., S. 350f.
[12] Ebd., S. 350.
[13] Ebd., S. 351.
[14] Ebd., S. 351.
[15] Ebd., S. 351.

Russen" bzw. den Itel'menen um Bol'šaja Reka gebraucht wurden, historisch und geographisch verortet sind. Allein die kosakischen russischen Siedler Kamčatkas des 18. Jahrhunderts bezeichneten diese soziale Institution der Itel'menen als Šupannen.

Nachdem er beschrieben hat, in welcher Weise biologisch gleichgeschlechtliche Beziehungen bei den Itel'menen toleriert werden, nimmt er eine eigene Wertung vor: Das von ihm beobachtete Verhalten sei „Knabenschänderei" und Personen dieser Art seien „unkeusch [...] und widernatürlich [...]"[16]. Steller beschreibt außerdem einen durch den Aufbau der i-tel'menischen Gesellschaft auferlegten Zwang in einer gemischtgeschlechtlichen Beziehung zu leben: „Wer nach Kamtschatka kommt, und sich kein Frauenzimmer zuleget [...] wird durch die Not dazu forciret. Niemand wäschet, nähet, dienet ihm, oder tut ihm den geringsten Dienst"[17]. Dieses Phänomen wurde später auch über die Čukčen berichtet: Indigene Frauen im Nordosten Asiens forderten die Befriedigung sexueller Bedürfnisse für die Erledigung von derartigen „dienenden" Tätigkeiten ein. Für eine Itel'menin bedeutete es eine unausgesprochene gesellschaftliche Konvention, dass die Zubereitung von Nahrung, das Nähen und Waschen von Kleidung an den Beischlaf und andere sexuelle Handlungen von Seiten des Mannes gekoppelt war, welcher diese Dienste in Anspruch nahm.

Während der Billings-Saryčev-Expedition (1785–1795) lebte Carl Heinrich Merck zwischen August 1791 und Februar 1792 sechs Monate unter den Čukčen. Ihm zufolge folgte der dort praktizierte Geschlechterrollenwechsel im Schamanismus dem „Befehl der Teufel": „Mehrere dieser Schamanen erborgen, ums Gebot der Teufel zu erfüllen, außer ihrem männlichen Anzug, einiges von der weiblichen Tracht, als sie flechten das Haar zu gleichen Zöpfen, tragen Ringe um die Arme und dergleichen mehr"[18].

Außerdem machte er folgende Beobachtung: „[Dort] traf ich, daß unter ihnen eben nicht so selten sein soll, einen Menschen, der ganz in weiblichem Anzug mit einem Mann als gute Hausfrau lebte"[19]. Merck nimmt, im Gegensatz zu Steller, keine direkten Wertungen ihres Verhaltens vor, jedoch enthalten seine Beschreibungen negativ geprägte Wörter. Beispielsweise verwendet er analog zu Steller als Synonym für einen Schamanen den Begriff „Gauckler"[20].

---

[16] Ebd., S. 351.
[17] Ebd., S. 289.
[18] Merck, Beschreibung der Tschucktschi, S. 120f.
[19] Ebd., S. 121.
[20] Ebd., S. 120.

4 Iochel'son und Bogoraz über den Schamanismus bei Korjaken und Čukčen

Gegen Ende des 19. Jahrhunderts gelang es Franz Boas eine der bis heute größten wissenschaftlichen Expeditionen zu den Völkern Nordostasiens und des Nordwestens Nordamerikas zu organisieren: Die von 1897 bis 1902 im Auftrag des American Museum of Natural History durchgeführte *Jesup North Pacific Expedition*[21]. Unter anderem konnte er für die Erforschung der in Ostsibirien lebenden Čukčen und Korjaken Vladimir Iochel'son und Vladimir Bogoraz gewinnen. Im Vorfeld der Jesup-Expedition wurde von dem Kulturrelativisten[22] Franz Boas sowohl die intensive Vorbereitung der Reise durch das Studium von wissenschaftlicher Literatur und ethnographischen Sammlungen als auch die Beachtung von festen Regeln bei der Durchführung der Feldforschung gefordert. Nach Boas sollte das Ziel der Expedition nicht sein, die bis dato unbekannten indigenen Kulturen nach ihren Entwicklungsstufen einzuordnen. Vielmehr sollte immer der jeweilige situative und kulturelle Kontext betrachtet werden, um Verhaltens- und Denkweisen sowie Normen und Werte einer anderen Kultur zu verstehen.

Diesen hohen Ansprüchen Boas' konnte Iochel'son nur bedingt gerecht werden: Sein Aufenthalt bei den Korjaken beschränkte sich auf ein gutes Jahr von Mitte 1900 bis Ende 1901. Mangels Zeit für einen längeren Feldaufenthalt verließ sich Iochel'son im Falle der Korjaken stark auf die damals bekannte Sekundärliteratur und auf die Forschungsergebnisse seines Freundes Bogoraz bei den Čukčen, da dieses indigene Volk in der Tat eng mit den Korjaken „verwandt" ist. Folglich wurde das soziale Phänomen des Geschlechterrollenwechsels von Iochel'son lediglich oberflächlich behandelt:[23]

Nach ihm sind „Männer in Frauenkleidern, von denen man glaubt, dass sie sich körperlich in Frauen verwandelt haben, die mächtigsten aller Schamanen"[24]. Unter den Korjaken nehmen solche Männer die soziale Rolle einer Frau ein und werden „qava'u" oder „qeve'u" genannt. Die Frage, warum Frauen bzw. jene Männer, die sich in eine Frau verwandelt haben, die mächtigeren Schamanen seien, beantwortet er mit der Geschichte des Vaters von Yulta, einem Korjaken aus dem Dorf Kamenskoe, der „auf Befehl der Geister"[25] zwei Jahre lang Frauenkleidung getragen hatte. Als dieser merkte, dass er nicht in der Lage gewesen war, eine

---

[21] Siehe für einen umfassenden Überblick Dahlmann/Ordubadi/Winterschladen (Hg.), Auf den Spuren der modernen Sozial- und Kulturanthropologie.
[22] Siehe zum Kulturrelativismus Franz Boas' Schmuhl, Kulturrelativismus und Antirassismus.
[23] Die folgenden Zitate von Iochel'son sind entnommen aus Iochel'son, The Koryak, S. 52-54.
[24] Übersetzung des Verfassers. Im Original: „[M]en clothed in woman's attire, who are believed to be transformed physically into women [...] [are] the most powerful of all shamans."
[25] Übersetzung des Verfassers. Im Original: „by order of the spirits"

vollständige Verwandlung in eine Frau zu vollziehen, bat er jene „Geister"[26] ihm zu erlauben, seine Männerkleidung wieder anzulegen. Seiner Bitte wurde unter der Bedingung entsprochen, dass er während „schamanischen Zeremonien"[27] Frauenkleidung tragen solle. Iochel'son merkt an dieser Stelle an, dass er unter den seinerzeit lebenden Korjaken selbst nichts über die Verwandlung von biologisch männlichen Schamanen in Frauen - durch beispielsweise das Anlegen von weiblich kodierter Kleidung im Zusammenhang mit der Ausübung und Durchführung schamanischer Rituale und Séancen - erfahren habe. Jedoch würden Berichte über solche Transformationen in den Geschichten der Čukčen existieren. Dabei sei das Prinzip des Geschlechtswechsels in beiden Fällen das gleiche.

Laut Iochel'son seien Frauen, aufgrund ihrer Fähigkeit zu gebären, genuin dazu berufen mit der Geisterwelt in Kontakt zu treten, während Männer mit dieser Gabe nicht automatisch ausgestattet seien. Zusätzlich wird bei den Korjaken auch folgende Meinung vertreten: „[C]hildbirth may result in a complete or temporary loss of shamanistic power." Sogar dürften Frauen während der Menstruation keine Trommeln, welche eng mit „schamanische Darstellungen"[28] verbunden sind, berühren.

Iochel'son legt bei der Behandlung des Phänomens des Geschlechterrollenwechsels im Schamanismus den Fokus vor allem auf die von ihm so benannten „abnormalen sexuellen Beziehungen"[29] zwischen physisch männlichen Schamanen und anderen biologischen Männern.

Vladimir Bogoraz erforschte im Rahmen der Jesup North Pacific Expedition das indigene Volk der Čukčen. Analog zu Iochel'son berichtet er von einem „'schamanischen' Ruf"[30], welcher einen jungen Mann dazu veranlassen würde, sein Geschlecht zu ändern. Bogoraz beschreibt in diesem Zusammenhang einen „weichen Mann"[31], welchen er folgendermaßen charakterisiert: „[He] was woman-like in face, talked in a thin, piping voice, and had very long hair."

---

[26] Übersetzung des Verfassers. Im Original: „spirits"
[27] Übersetzung des Verfassers. Im Original: „shamanistic ceremonie's"
[28] Übersetzung des Verfassers. Im Original: „shamanistic performances"
[29] Iochel'son, The Koryak, S. 755. Übersetzung des Verfassers. Im Original: „abnormal sexual relations"
[30] Bogoraz, The Chukchee, S. 455. Übersetzung des Verfassers. Im Original: „'shamanistic' call"
[31] Übersetzung des Verfassers. Im Original: „'soft' man"

In einem Kapitel mit der Überschrift „Sexual Perversion and Transformed Shamans" berichtet Bogoraz von einem Bereich des von den Čukčen durchgeführten Schamanismus, welcher durch Geschlechterrollenwechsel eine „eigentümliche Form" angenommen habe.[32] Er ordnet dieses Phänomen in die Kultur der Čukčen wie folgt ein:

> „The state of a transformed man is so peculiar that it attracts much gossip and jests on the part of the neighbours. Such jests are of course interchanged only in whispers, because the people are extremely afraid of the transformed, much more so than of ordinary shamans."[33]

Darüber hinaus fühle sich ein solcher „weicher Mann" überaus „schüchtern", da er sich zweifellos bewusst sei, dass seine Stellung innerhalb einer biologisch gleichgeschlechtlichen Beziehung „verspottet" werden würde.[34]

An dieser Stelle ist die Frage gerechtfertigt, ob es sich bei diesen zitierten Ausführungen um einen schlichten Tatsachenbericht oder eine Wertung handelte. Obwohl die Čukčen die transformierten Schamanen achteten und ihre Kräfte stärker einschätzten als diejenigen anderer Schamanen, machten sie sich dennoch über sie lustig. Man betrachte den Status von Kutka, dem Urahnen und Schöpfer der Welt in der itel'menischen Mythologie.[35] Kutka erfährt immense Ehrung als erster Itel'mene und Erschaffer der Welt, gleichzeitig fungiert er als Tricksterfigur, mit welcher allerhand Spott und Hohn getrieben wird. Die Analogie zu den transformierten čukčischen Schamanen ist offensichtlich, galten Menschen in der Rolle des Mittlers zu den Geisterwelten doch als direkte Brücke zu den Ahnen.

Bogoraz führt weiter aus, dass das Phänomen des Geschlechterrollenwechsels nicht auf „primitive Völker" beschränkt sei. Solche „Perversionen" seien auch in anderen Kulturen vorhanden: „The perversion of the sexual functions, resulting from psychical or physical causes, may happen, of course, among primitive peoples as well as among civilized ones."[36] Bogoraz benennt als Beispiel einen alten Mann, der sowohl russische als auch indigene Vorfahren hatte. Er habe ungeachtet seiner primären Geschlechtsorgane und seiner sekundären Geschlechtsmerkmale in der sozialen Rolle einer Frau gelebt, weshalb er von der lokalen russisch-sprachigen Umgebung als „Supan" bzw. Župan bezeichnet worden sei:

> „Notwithstanding [that he had a bearded face and the outer genital organs of a male], he acted like a woman throughout his whole life. [...] He wore woman's dress, performed woman's work, and even in his conversation applied to himself the feminine gender, for which the Russian language presents numerous occasions."[37]

---

[32] Ebd., S. 448. Übersetzung des Verfassers. Im Original: „peculiar form"
[33] Ebd., S. 451. Die Figur des Kutka entspricht in der čukčischen Mythologie namentlich und ebenso als Rabe einer Schöpferfigur.
[34] Ebd., S. 453. Übersetzung des Verfassers. Im Original: „bashful" (schüchtern), „ridiculed" (verspottet)
[35] Steller, Beschreibungen von dem Lande Kamtschatkas, S. 253-296.
[36] Bogoraz, The Chukchee, S. 455.
[37] Ebd., S. 455.

5 Die europäischen Rezeptionen von den bei Merck, Steller, Iochel'son und Bogoraz geschilderten Phänomenen

Die Bezeichnung Schamanismus wird in der Ethnologie seit dem 18. Jahrhundert verwendet, wenn es um die Beschreibung von Glaubensvorstellungen in sibirischen indigenen Kulturen geht. Später umfasste Schamanismus auch entsprechende Erscheinungen bei indigenen Völkern Nordamerikas und andernorts. In der zweiten Hälfte des 20. Jahrhunderts breitete sich der Begriff dann im allgemeinen Sprachgebrauch aus und ersetzte Wörter wie Hexer, Medizinmann/-frau, Zauberer oder Magier.

Steller und Merck charakterisieren Schamanen als „Gaukler". Merck geht sogar einen Schritt weiter und sagt über den Geschlechtsrollenwechsel im Schamanismus, dieser erfülle den „Befehl der Teufel". Die negative Rezeption dieses dritten, ihm unbekannten sozialen Geschlechts lässt sich darauf zurückführen, dass Merck den beobachteten Phänomenen seine eigene Weltsicht aufdrang. Merck impliziert an dieser Stelle, dass die Čukčen einen Teufel gekannt hätten.

Nach der Beschreibung Iochel'sons machte ein Geschlechtswandel hin zu einer Frau einen Schamanen mächtiger und einflussreicher. Seine Beobachtungen griffen Krumholz und Winterschladen in ihrer Untersuchung auf: Die spirituelle Verbindung zu der Welt der Geister und Seelen sei in der Vorstellung der meisten indigenen Gesellschaften bei Frauen stärker. Dieser Zusammenhang lasse sich vermutlich auf deren Fähigkeit zur Geburt - und damit auf die Möglichkeit neues Leben in die Welt zu bringen - zurückführen. Die Geburt eines Kindes oder schon die Zeit der Menstruation würde in der Vorstellung vieler Ethnien die Kraft einer weiblichen Schamanin einschränken oder aufheben. So erlange das Phänomen der Transvestition im Schamanismus große Bedeutung. Wenn eine biologisch männliche Person sich zum Schamanen berufen fühle, nähme er sich die weiblichen Mitglieder seiner Gemeinschaft zum Vorbild und identifiziere sich mit der Zeit so stark innerlich und äußerlich mit ihnen, dass Fremde Mühe hätten, solche Männer von „echten" Frauen der Gruppen zu unterscheiden. In der Forschung hat sich für dieses Phänomen der Begriff „Fraumann" durchgesetzt, der eine physisch männliche Person in der Rolle einer Frau beschreibt. Diese „Fraumänner" verrichten weibliche Tätigkeiten, sind an dieselben gesellschaftlichen Konventionen wie ihre „Geschlechtsgenossinnen" gebunden und treten auch in die Stellung einer Gattin. Solche physischen Männer haben durch einen Geschlechtswandel die soziale Rolle einer Frau übernommen. Deshalb gilt die Beziehung zwischen einem „Fraumann" und biologischen Männern, die keinen Geschlechtsrollenwechsel vollzogen hatten, als gemischtgeschlechtlich. Das erkennt man gut daran, dass die Heiratszeremonien zwischen einem solchen Schamanen und seinem Gatten denen der üblichen Eheschließung entsprechen. Iochel'son charakterisiert die sexuellen Beziehungen bei den Korjaken mit dem Adjektiv „abnormal". Er selbst konnte allerdings nicht ein Beispiel eines korjakischen Schamanen anführen, welcher das Leben einer Frau führte und als solcher mit Männern zusammenlebte. Männer, die durch Transvestition zu Frauen geworden sind, können, so sie denn zu Schamanen berufen worden sind, die tief verwurzelte Verbindung weiblicher Schamanen zu den Ahnen nutzen, ohne Gefahr zu laufen, infolge von Menstruation und Geburt ihre schamanischen Kräfte einzubüßen. Frauen seien, aufgrund ihrer Fähigkeit zu gebären, genuin dazu berufen mit der Geisterwelt in Kontakt zu treten, während Männer mit dieser Gabe nicht automatisch ausgestattet seien. Die Verwandlung biologisch männlicher Schamanen in Frauen durch das Anlegen weiblicher Kleidung sollte letzten Endes größere Macht verleihen.

Bogoraz' Charakterisierung des Geschlechterrollenwechsels als „Perversion" ist nicht negativ zu werten: Zur Benennung dieses sozialen Phänomens musste man zu Beginn des 20. Jahrhunderts einfach auf Begriffe wie „sexuelle Perversion" zurückgreifen, um in der Wissenschaft in Europa und Nordamerika überhaupt verstanden zu werden. Während Iochel'son im Rahmen seines einjährigen Aufenthaltes keine Möglichkeit hatte, sich intensiv mit der Kultur der Korjaken auseinanderzusetzen, schaffte es Bogoraz nahezu völlig, sich gemäß den methodischen Vorgaben Franz Boas' jedweder Wertung zu enthalten und fast allein aus der čukčischen Binnenperspektive nur das zu beschreiben, was er sah. Einzig die Verwendung des Wortes „peculiar" könnte auf eine von einer reinen Beschreibung abweichenden Bewertung Bogoraz' hinweisen. Zu Beginn des 20. Jahrhunderts waren die transformierten Schamanen unter den Čukčen keine Seltenheit. Wird nun „peculiar" mit „eigenartig" oder „sonderbar" übersetzt, so lässt sich vermuten, Bogoraz berichtete aus seiner eigenen Perspektive. Allerdings könnte „peculiar" auch mit „besonders" übersetzt werden, womit Bogoraz eine besondere Stellung der transformierten Schamanen innerhalb der čukčischen Gesellschaft hätte hervorheben wollen.

Betrachtet man nun das Gesamtwerk „The Chukchee" mit über 700 Seiten, so lässt sich festhalten, dass es Bogoraz vermochte, sich gemäß der methodischen Vorgaben Franz Boas' jedweder Wertung zu enthalten und nur das zu beschreiben, was er sah.

6   Schlussbetrachtungen

In den Kulturen indigener Völker Nordamerikas und Sibiriens wurde dem sozialen Geschlecht kulturell eine größere Bedeutung beigemessen als dem biologischen Geschlecht.
Durch das Phänomen der *gender variance* ist das soziale Geschlecht klar von dem biologischen Geschlecht abgegrenzt. Dem entgegengesetzt verschmelzen in der binären Geschlech-
terkonstruktion der euro-amerikanischen Gesellschaft die Grenzen zwischen sozialem und
biologischem Geschlecht. Einem Mann wird automatisch das soziale Geschlecht „männlich"
zugeordnet, einer Frau das soziale Geschlecht „weiblich".

Im Schamanismus hatte der Geschlechterrollenwechsel eine besondere Bedeutung. Einerseits
fand das soziale Geschlecht in den Kulturen der indigenen Völker Sibiriens durch Präferen-
zen für auszuübende Tätigkeiten große Beachtung. Andererseits sagen die untersuchten Quellen von Bogoraz, Iochel'son, Merck und Steller an mehreren Stellen aus, dass das soziale
Geschlecht in der Frage, zu wem man sich sexuell hingezogen fühlt, auch eine Rolle spielt.
Folglich trifft das Konstrukt der *gender variance* in den Kulturen der indigenen Völker Sibiriens nicht vollends zu. Stellers Beschreibung vom Lande Kamtschatka weist einige Momente
auf, durch welche deutlich wird, dass der Begriff *gender variance* nicht vollständig übertragen werden kann. So beschreibt Steller ein hohes Maß an Promiskuität, welches sowohl hete-
ro- als auch homosexuelle Sexualkontakte umfasste. Dass hierbei das sexuelle Begehren
durchaus eine Rolle gespielt haben dürfte, liegt auf der Hand. Folglich lässt sich die dichoto-
mische Trennung von sozialem Geschlecht und sexuellem Begehren, wie sie in der nordame-
rikanischen Ethnologie vorgenommen wird, nicht aufrechterhalten. Gerade Ethnologen wie
Thomas oder Lang, welche beide auf die Tabelle zur Klassifikation sexueller Beziehungen
Bezug nehmen, lassen jedwede Quellenkritik vermissen. Gleichzeitig überhöhen sie die (europäische) Idee vom Paar als Keimzelle der Gesellschaft und glorifizieren die Vorstellung
einer monogamen Paarbeziehung. Die itel'menische Gesellschaft des 18. Jahrhunderts kon-
terkariert diese Vorstellung, indem sie aufzeigt, dass die komplementäre Gesellschaft nicht
zuvorderst auf einem Paar unterschiedlichen (sozialen) Geschlechtes, sondern auf der Gemeinschaft insgesamt aufbaute. Somit liefert Stellers Werk zumindest den Hinweis, dass es
im Falle des Phänomens der *Berdache* je nach Kultur auch anders gewesen sein kann, und
dass jede Kultur genau betrachtet und die dazugehörigen historischen Quellen genau studiert
werden müssen, bevor allgemeine Thesen aufstellt werden können.

Bogoraz, Iochel'son, Merck und Steller waren zu Teilen in der Lage, bei der Darstellung des sozialen Phänomens des Geschlechterrollenwechsels im Schamanismus aus ihrer eigenen Kultur herauszutreten. Bei Steller und Merck ist eine eurozentristische Denkweise in verschiedenen Zitaten erkennbar. Im Gegensatz zu Steller und Merck konnten Bogoraz und Iochel'son bereits auf eine wissenschaftliche Basis zurückgreifen. Aus Mangel an Zeit bediente sich Iochel'son vornehmlich an Sekundärliteratur und an den Beobachtungen seines Kollegen Vladimir Bogoraz. Dieser schaffte es in „The Chukchee" nahezu völlig, sich gemäß der methodischen Vorgaben Franz Boas' jedweder Wertung zu enthalten und nur das zu beschreiben, was er sah. Somit teilten Bogoraz und Iochel'son die Ausrichtung des Organisators der Jesup North Pacific Expedition Franz Boas, der als Kulturrelativist einen Ethnozentrismus, welcher die eigene Kultur als maßgeblich betrachtet und alle anderen Kulturen im Hinblick auf die eigene Weltanschauung einstuft und beurteilt, vermeiden wollte.

7 Quellenverzeichnis

Bogoraz, Vladimir Germanovič, K" psichologīi šamanstva u narodov" Sěverovostočnoj Azīi, in: Ėtnografičeskoe obozrenie 22, 1910, 1-2, S. 1-36.

Bogoraz, Vladimir Germanovič, The Chukchee, Leiden/New York 1904–1909.

Iochel'son, Vladimir Il'ič, The Koryak, Leiden/New York 1905–1908.

Iochel'son, Vladimir Il'ič, The Yukaghir and the Yukaghirized Tungus, Leiden/New York 1910–1926.

Merck, Carl Heinrich, Beschreibung der Tschucktschi, von ihren Gebräuchen und Lebensart, in: ders., „Beschreibung der Tschucktschi von ihren Gebräuchen und Lebensart" sowie weitere Berichte und Materialien, hg. von Dittmar Dahlmann, Diana Ordubadi u. Helena Pivovar, Göttingen 2014, S. 109-225.

Merck, Carl Heinrich, Nachrichten von den Sitten und Gebräuchen der Tschuktschen, gesammelt von Dr. Karl Heinr. Merck auf seinen Reisen im nordöstlichen Asien. (Aus einer Handschrift), in: ders., „Beschreibung der Tschucktschi von ihren Gebräuchen und Lebensart" sowie weitere Berichte und Materialien, hg. von. Dittmar Dahlmann, Diana Ordubadi u. Helena Pivovar, Göttingen 2014, S. 227-284.

Steller, Georg Wilhelm, Beschreibung von dem Lande Kamtschatka, dessen Einwohnern, deren Sitten, Nahmen, Lebensart und verschiedenen Gewohnheiten, Frankfurt am Main/ Leipzig 1774.

8   Literaturverzeichnis

Bleibtreu-Ehrenberg, Gisela, Zur Rolle der „Weibmänner" im Schamanismus, in: Gisela Völger (Hg.), Sie und Er. Frauenmacht und Männerherrschaft im Kulturvergleich, 2 Bde., Köln 1997, Bd. 2, S. 121-128.

Bleibtreu-Ehrenberg, Gisela, Der Weibmann. Kultischer Geschlechtswechsel im Schamanismus. Eine Studie zur Transvestition und Transsexualität bei Naturvölkern, Frankfurt/Main 1984.

Dahlmann, Dittmar/Ordubadi, Diana/Winterschladen, Matthias (Hg.), Auf den Spuren der modernen Sozial- und Kulturanthropologie. Die Jesup North Pacific Expedition (1897–1902) im Nordosten Sibiriens, Fürstenberg/Havel 2016.

Flaherty, Gloria, Sex and Shamanism in the eighteenth century, in: Porter, Roy/Rousseau, George (Hg.), Sexual underworlds of the Enlightenment, Manchester 1987, S. 261-280.

Frevert, Ute, Geschichte der Geschlechterbegriffe: Semantischer Wandel und gesellschaftlicher Kontext, in: Gisela Völger (Hg.), Sie und Er. Frauenmacht und Männerherrschaft im Kulturvergleich, 2 Bde., Köln 1997, Bd. 1, S. 121-126.

Herdt, Gilbert, The Dilemmas of Desire: From Berdache to Two-Spirit, in: Jacobs, Sue-Ellen/Thomas, Wesley/Lang, Sabine (Hg.), Two-Spirit People. Native American Gender Identity, Sexuality, and Spirituality, Urbana 1997, S. 276-283.

Jacobs, Sue-Ellen/Kochems, Lee, Gender Statuses, Gender Features, and Gender/Sex Categories: New Perspectives on an Old Paradigm, in: Jacobs, Sue-Ellen/Thomas, Wesley/Lang, Sabine (Hg.), Two-Spirit People. Native American Gender Identity, Sexuality, and Spirituality, Urbana 1997, S. 255-264.

Krumholz, Yvonne/Winterschladen, Matthias, Zwei Schriften – zwei auseinander divergierende Darstellungen? Oder: warum Vladimir Iochel'son für die Jesup North Pacific Expedition zwei unterschiedliche Werke verfasste. Eine Untersuchung am Beispiel seiner Schamanismusdarstellung, in: ders./ Diana Ordubadi/ Dittmar Dahlmann (Hg.), Auf den Spuren der modernen Sozial- und Kulturanthropologie. Die Jesup North Pacific Expedition (1897–1902) im Nordosten Sibiriens, Fürstenberg/Havel 2016, S. 215-262.

Lang, Sabine, Geschlechtsrollenwechsel und kulturelle Konstruktionen von Heterosexualität und Homosexualität in indigenen Kulturen Nordamerikas, in: Gisela Völger (Hg.), Sie und Er. Frauenmacht und Männerherrschaft im Kulturvergleich, 2 Bde., Köln 1997, Bd. 2, S. 143-148.

Röttger-Rössler, Birgit, Männer, Frauen und andere Geschlechter: Zur Relativierung der Zweigeschlechtlichkeit in außereuropäischen Kulturen, in: Gisela Völger (Hg.), Sie und Er. Frauenmacht und Männerherrschaft im Kulturvergleich, 2 Bde., Köln 1997, Bd. 2, S. 101-108.

Schmuhl, Hans-Walter (Hg.), Kulturrelativismus und Antirassismus: Der Anthropologe Franz Boas (1858–1942), Bielefeld 2009.

Thomas, Wesley, Navajo Cultural Constructions of Gender and Sexuality, in: Jacobs, Sue-Ellen/Thomas, Wesley/Lang, Sabine (Hg.), Two-Spirit People. Native American Gender Identity, Sexuality, and Spirituality, Urbana 1997, S. 156-173.

Znamenski, Andrei [Znamenskij, Andrej Andreevič], Jenseits von Sibirien. Schamanismus in der Wissenschaft und in zeitgenössischen Bewegungen des Westens, in: Erich Kasten (Hg), Schamanen Sibiriens. Magier, Mittler, Heiler, Stuttgart 2009, S. 172-187.